1
1

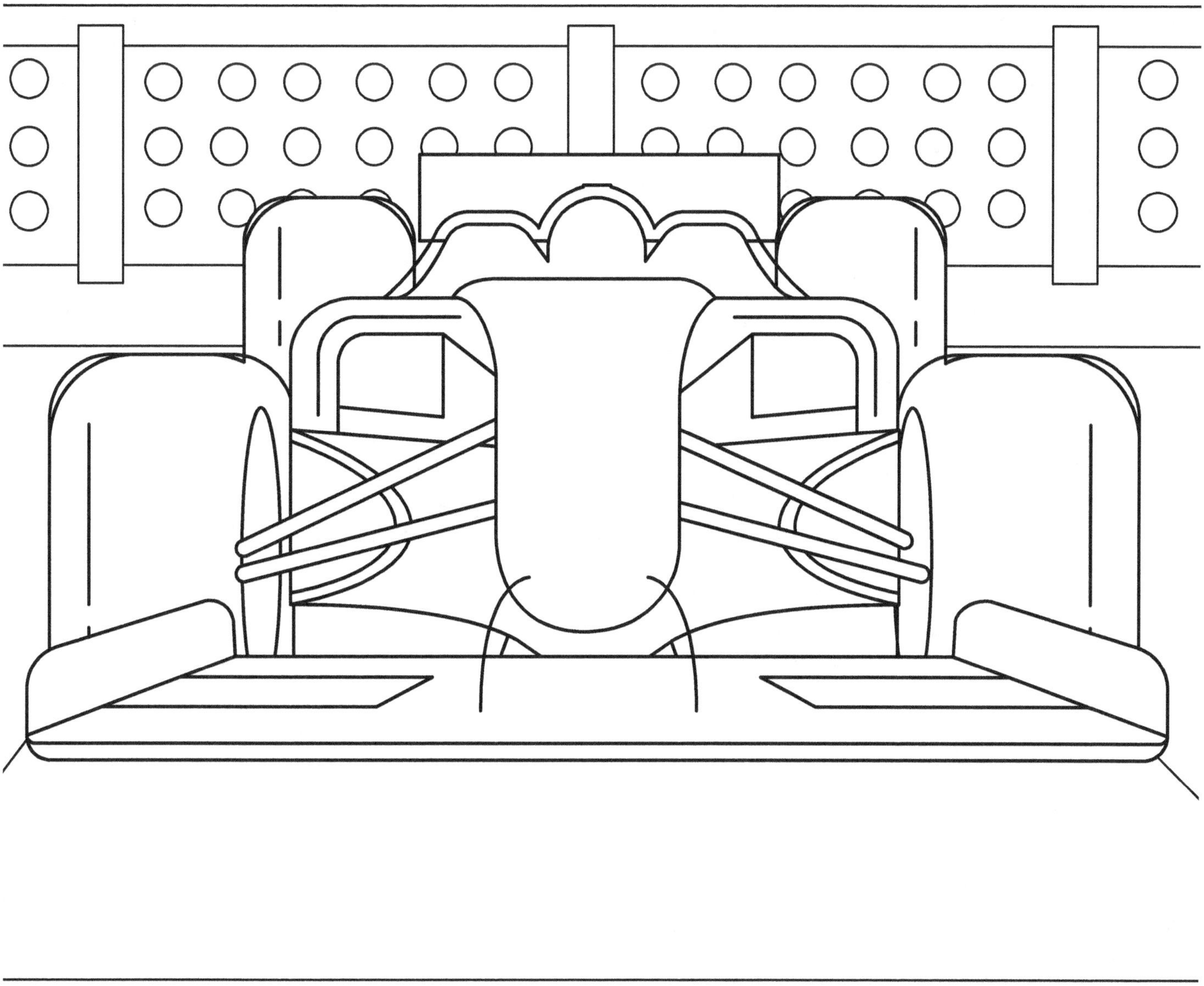

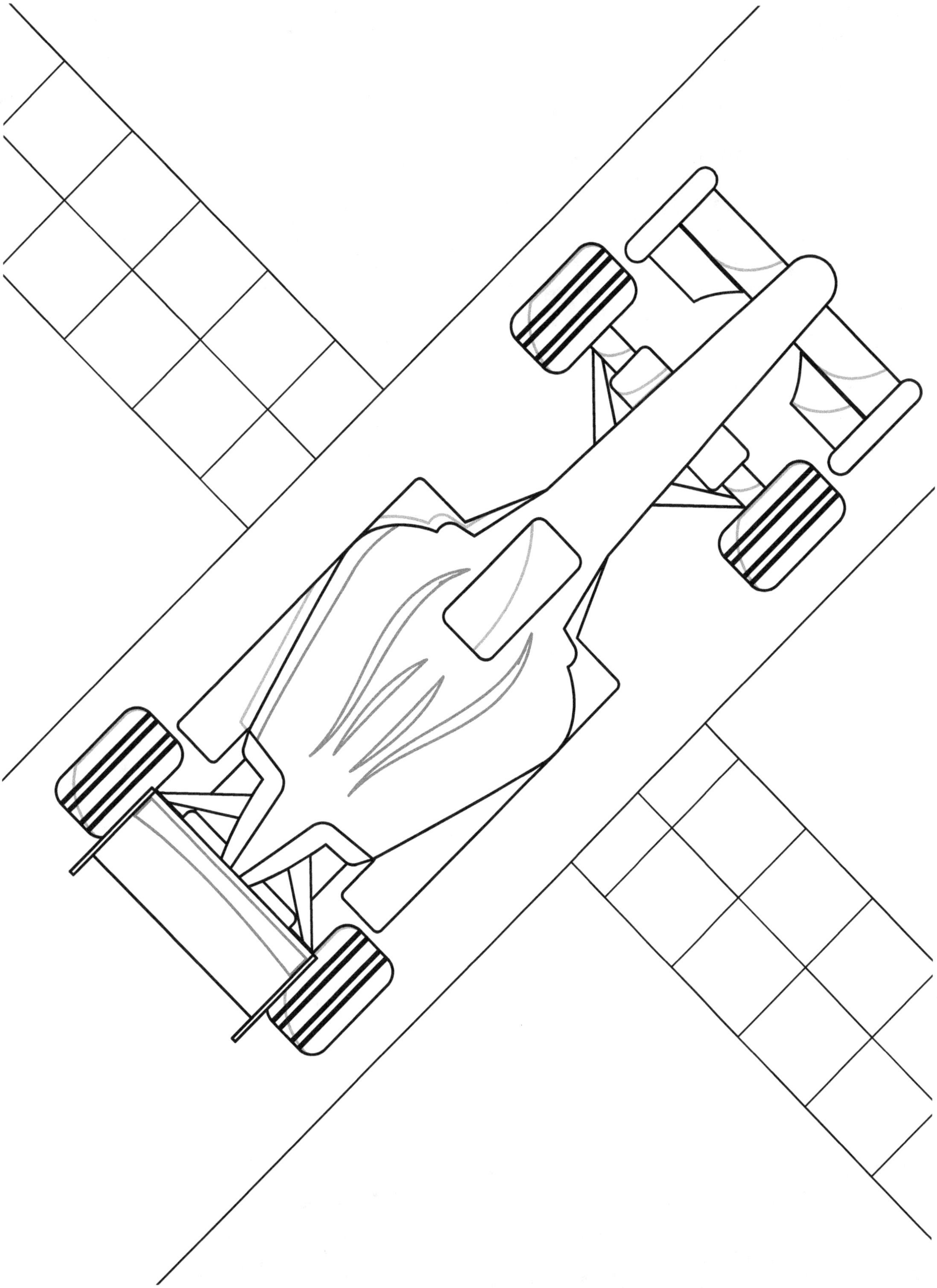

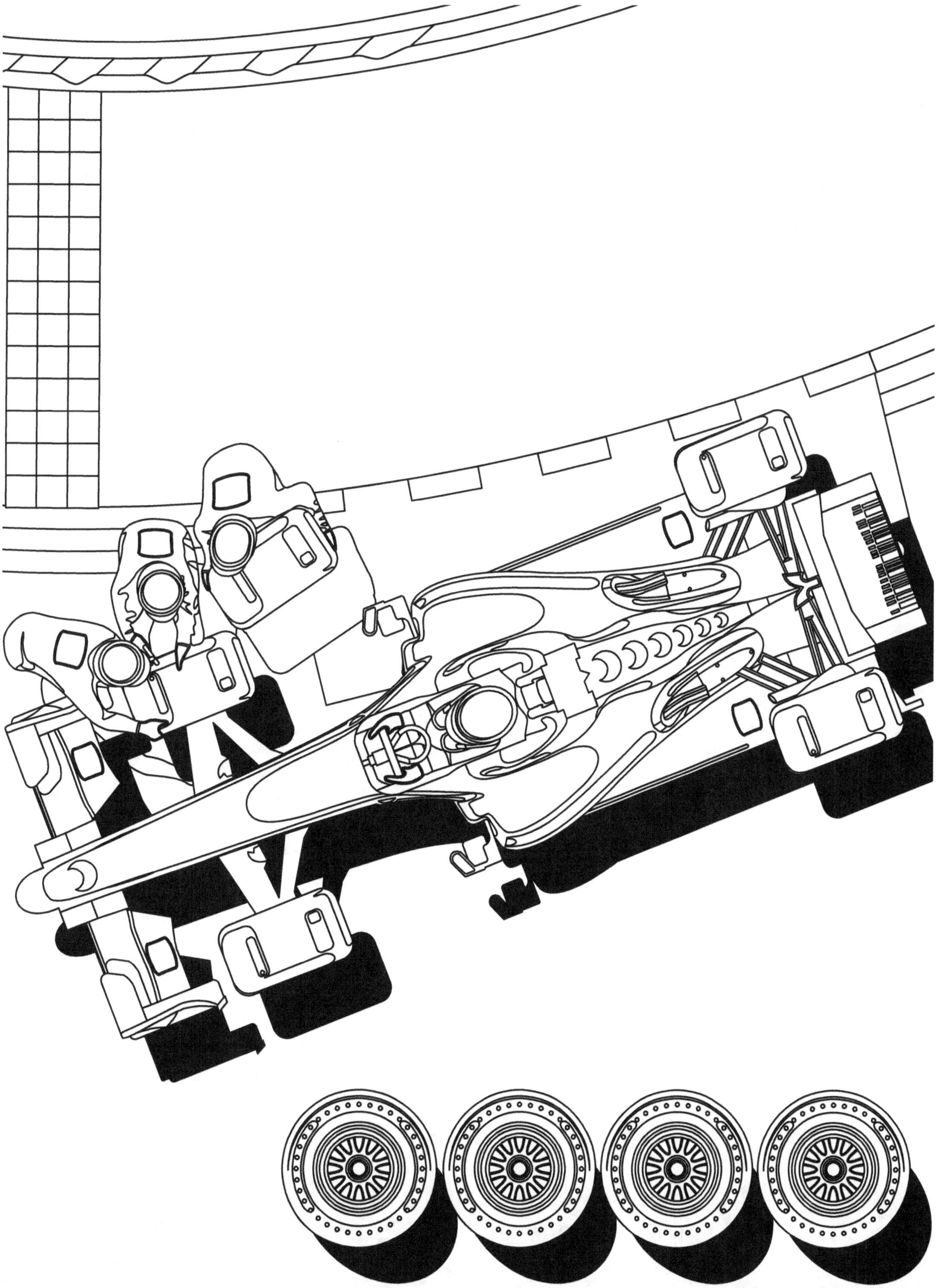

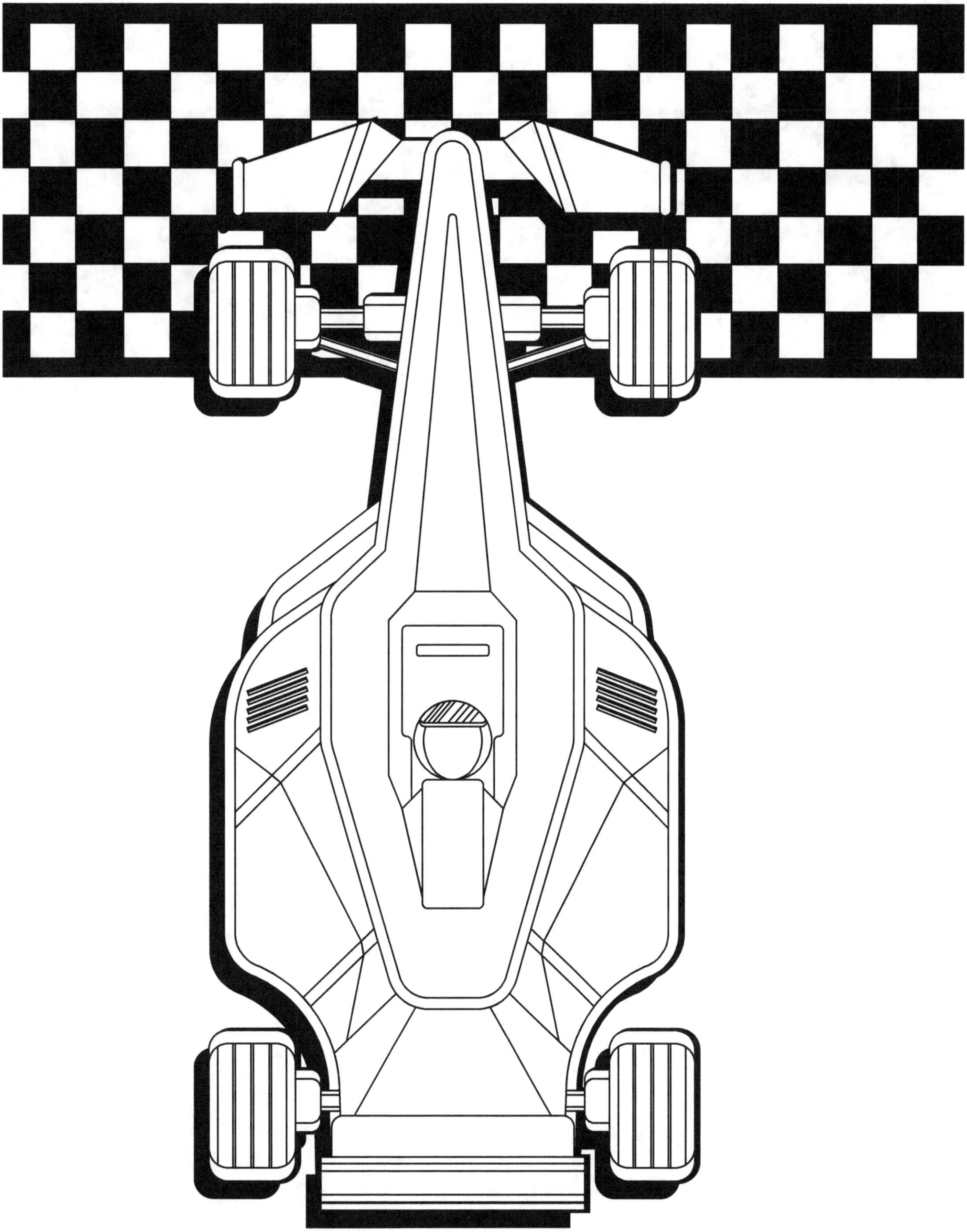

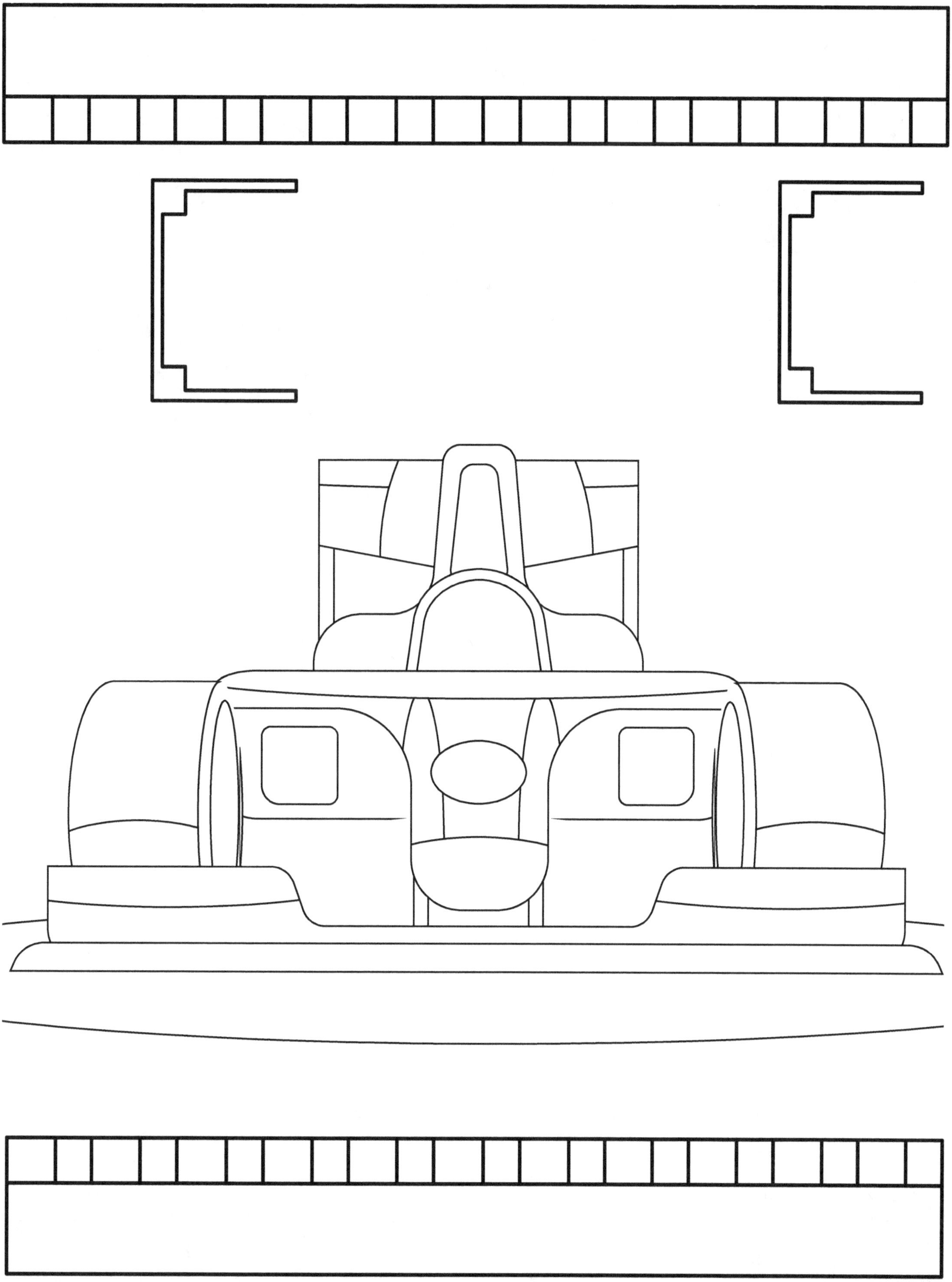

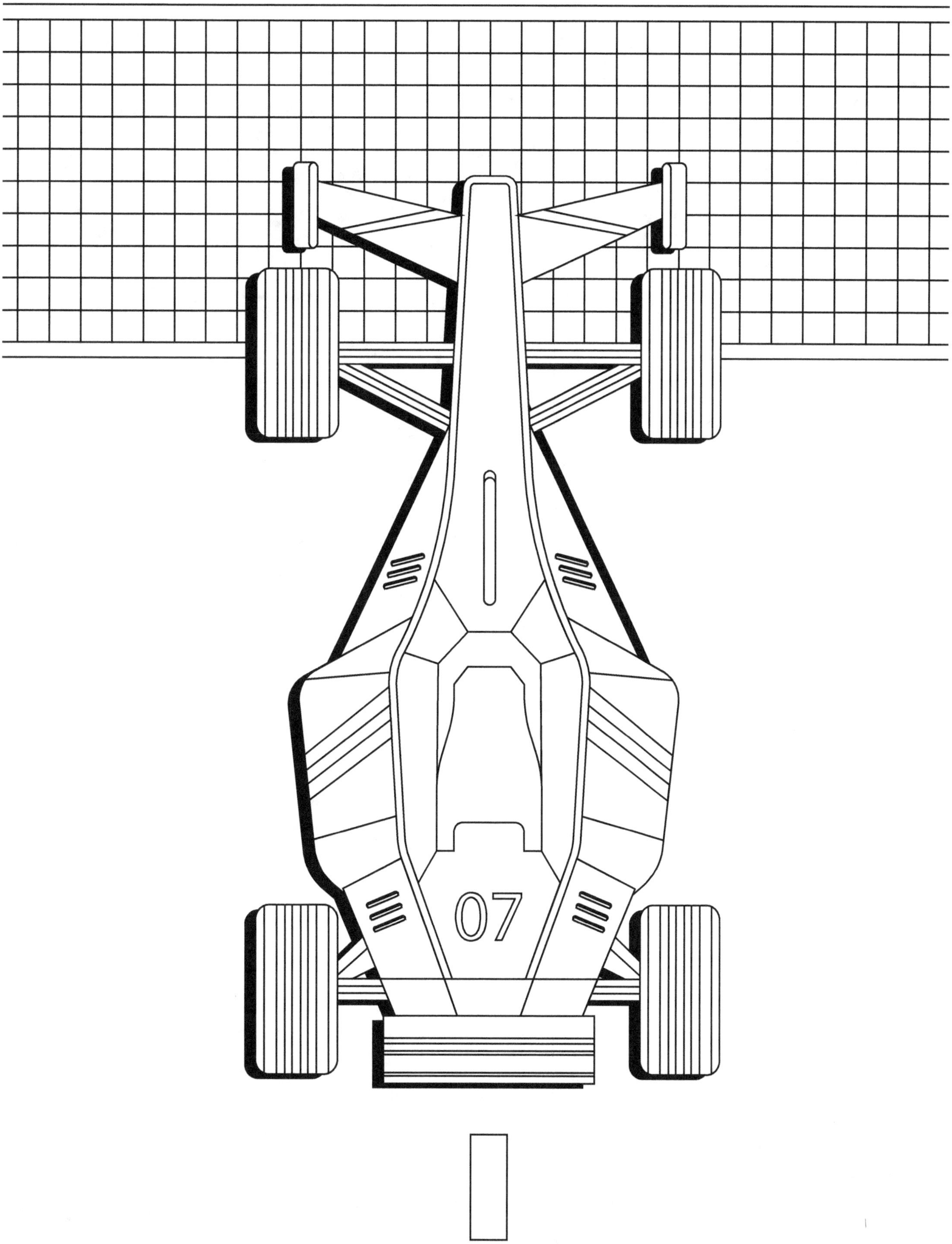
07

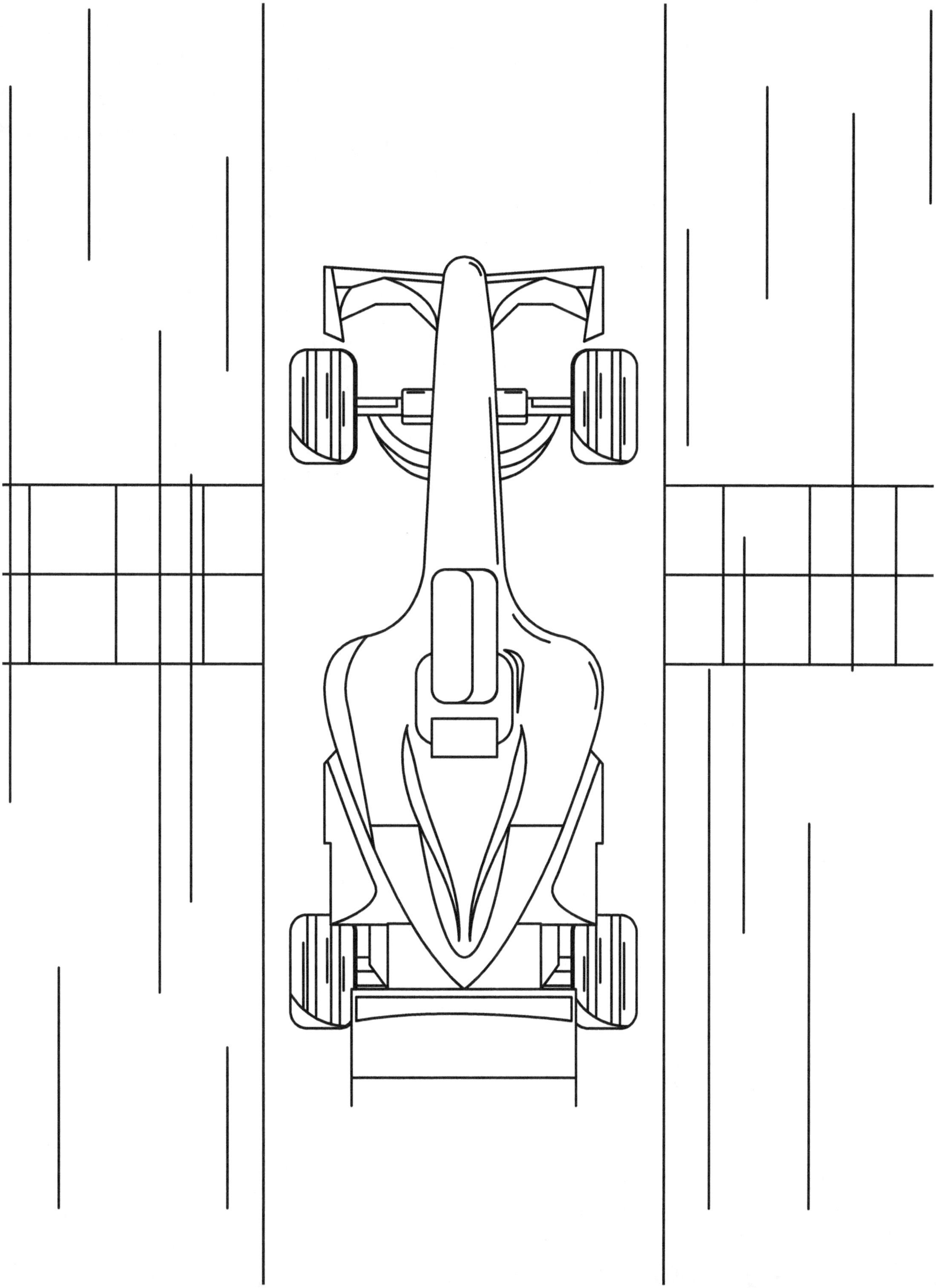

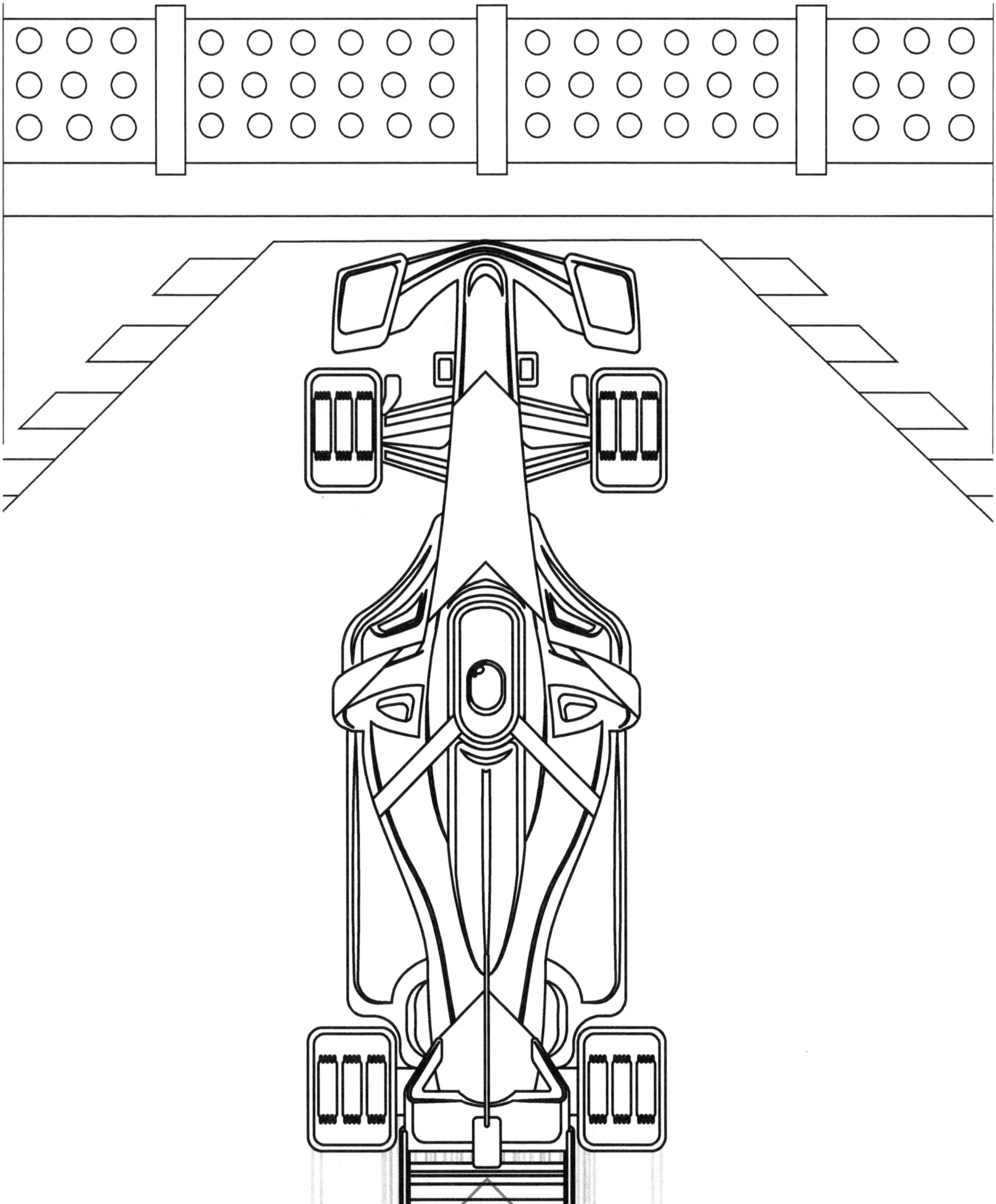

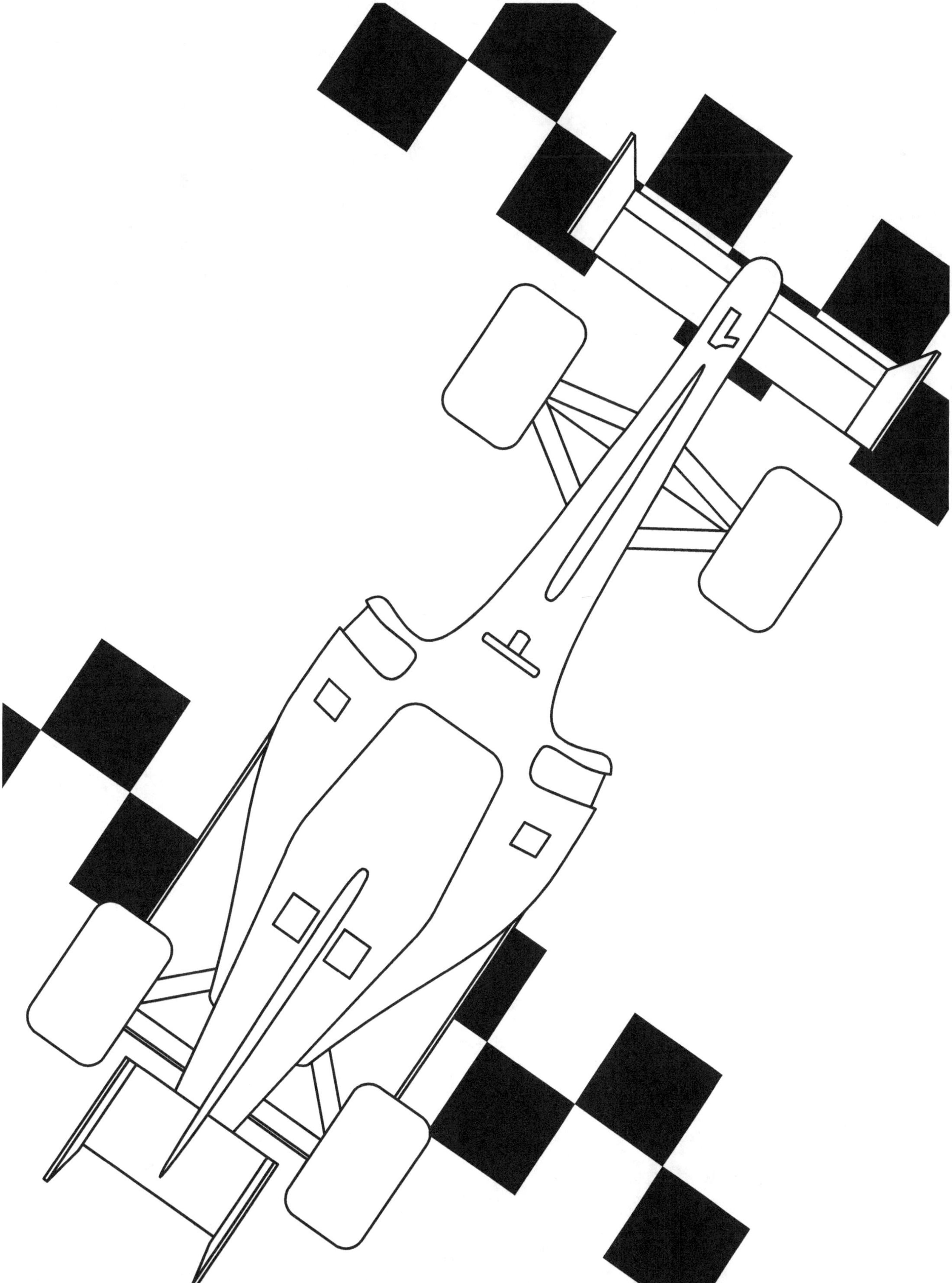

20

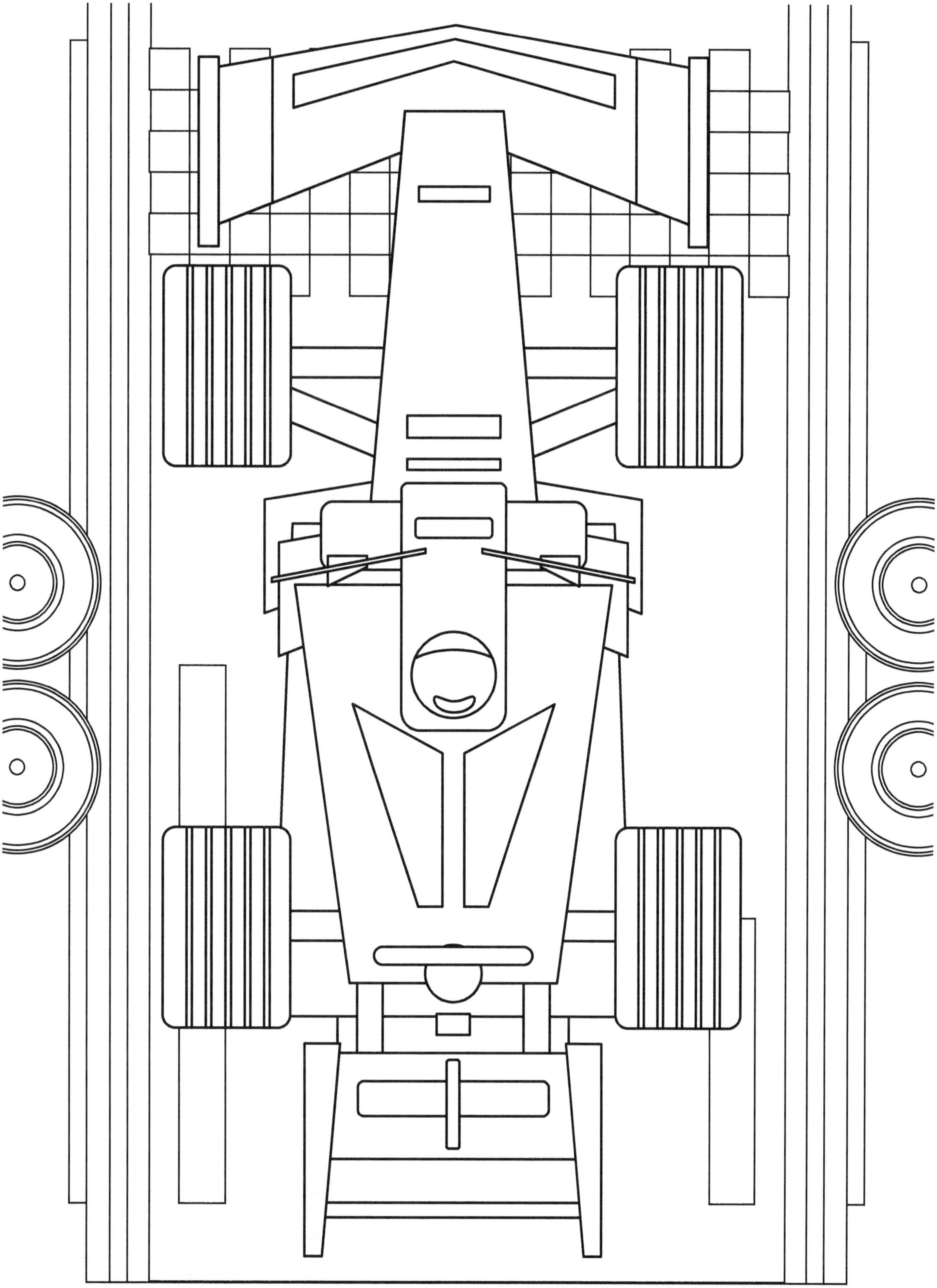

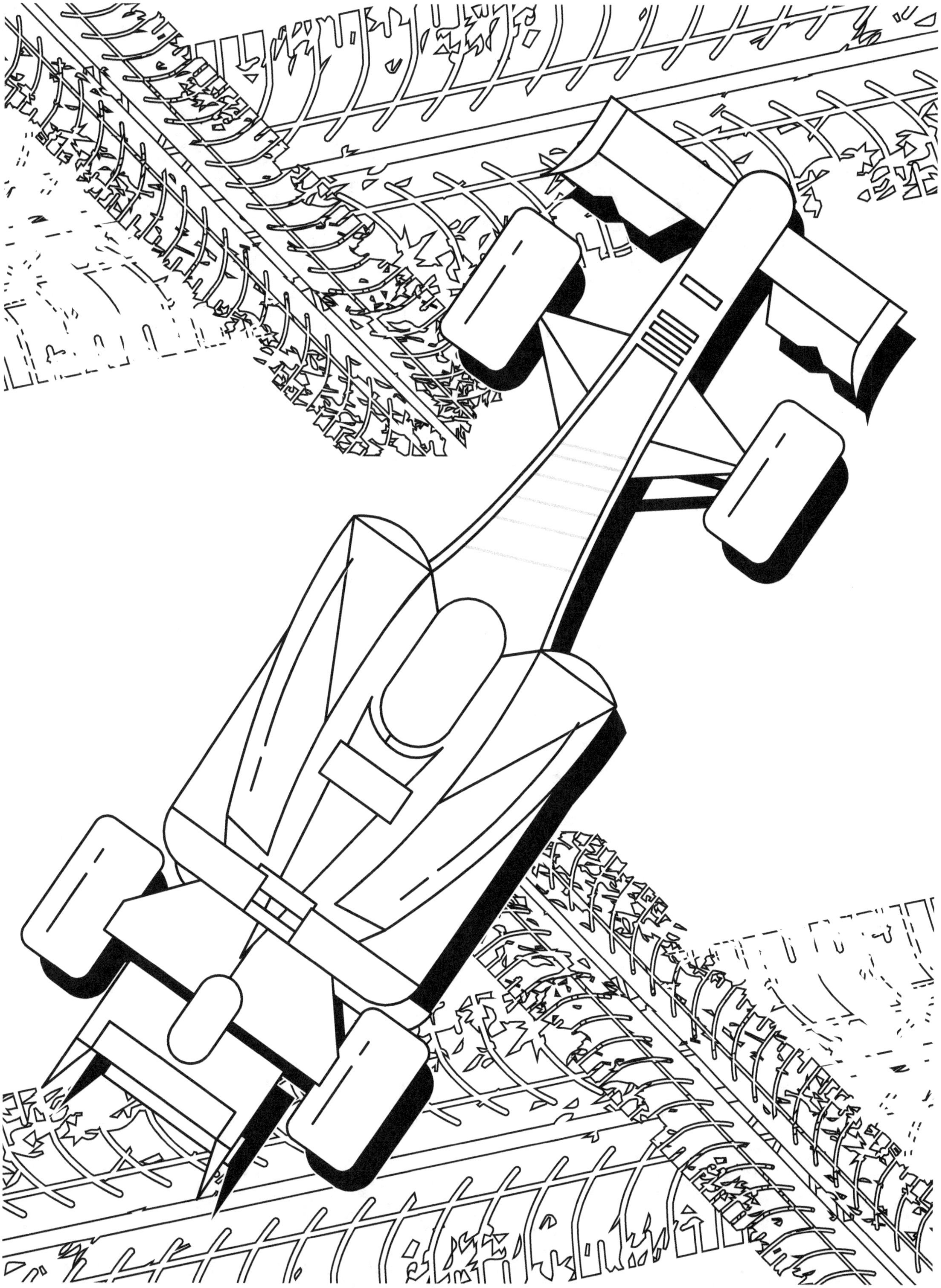

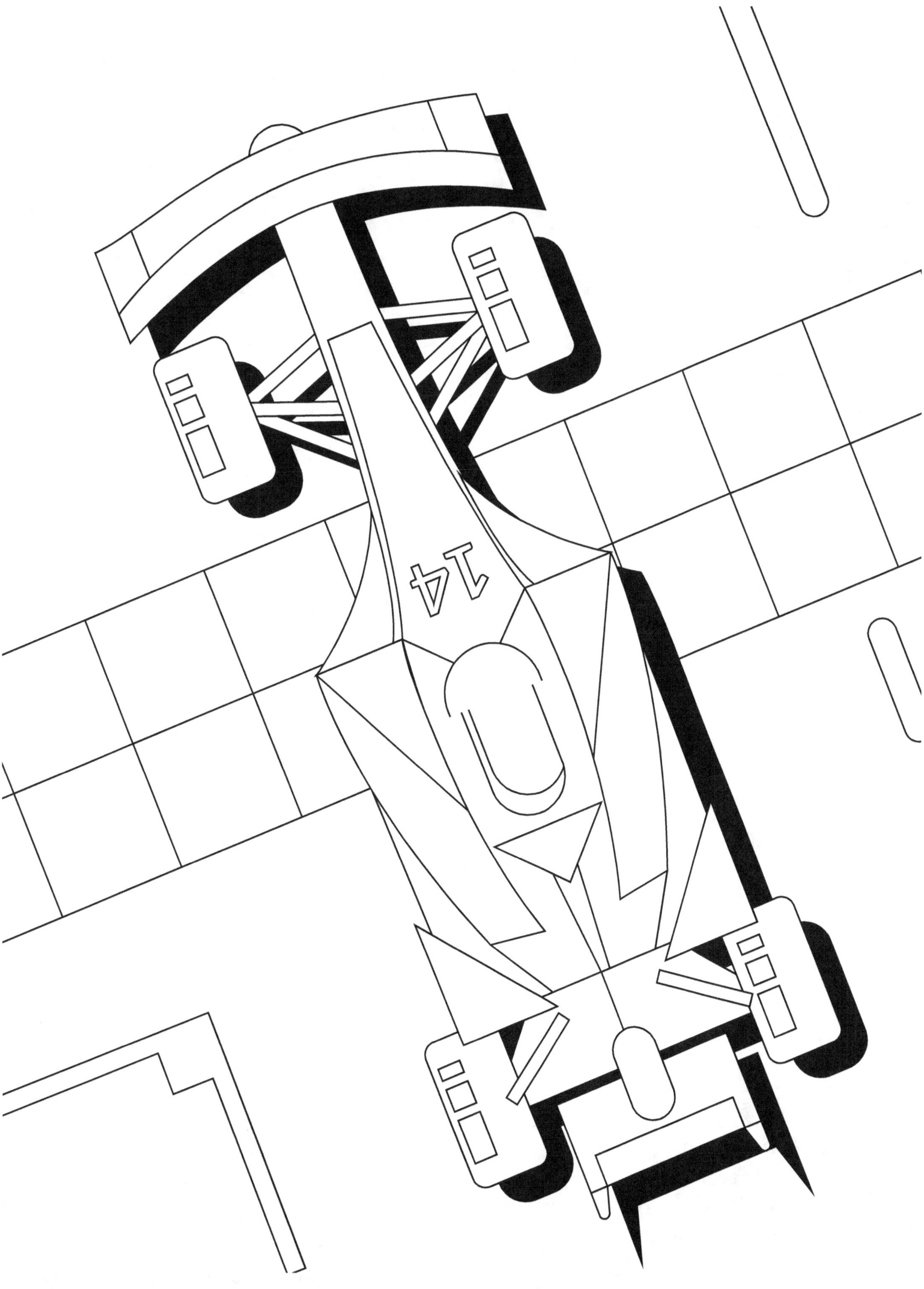
14

1

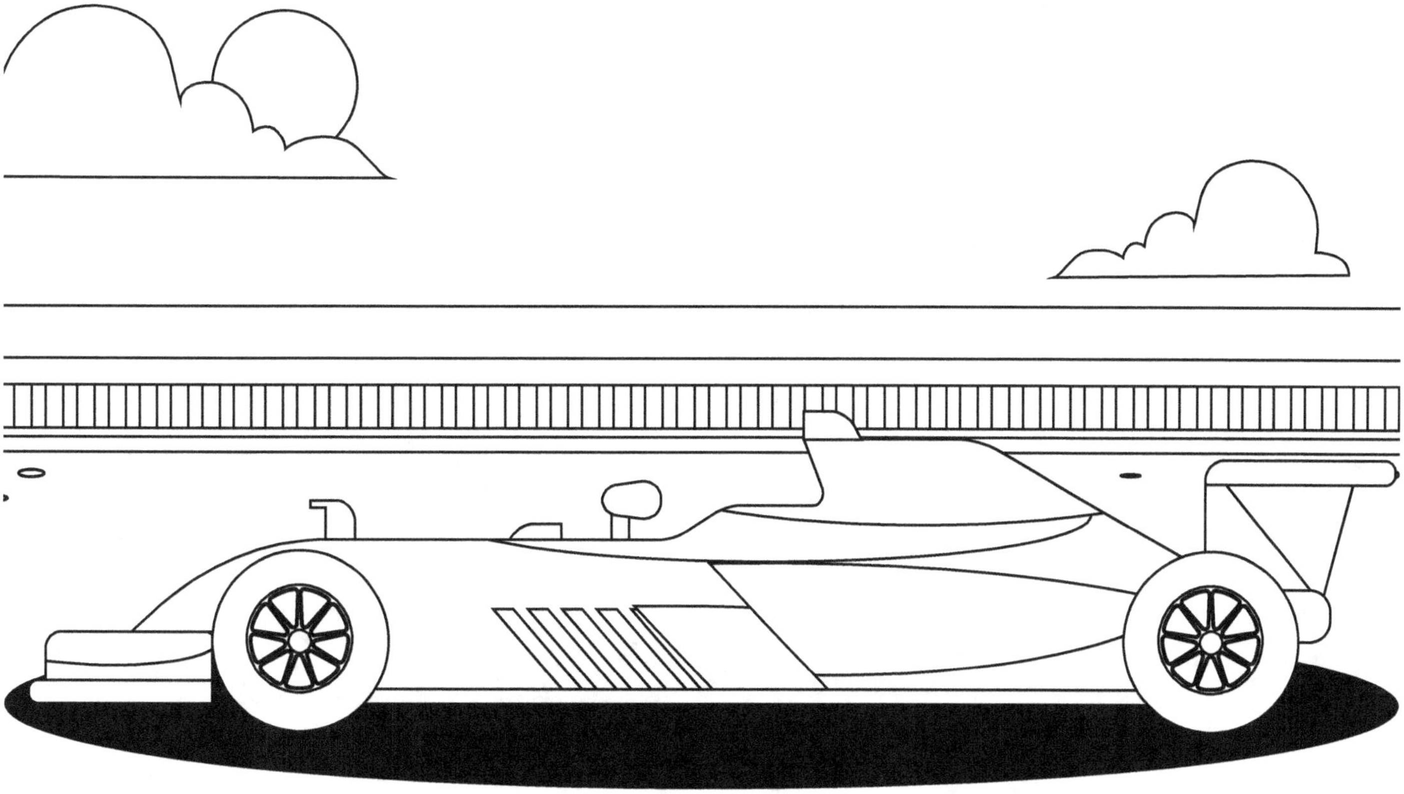

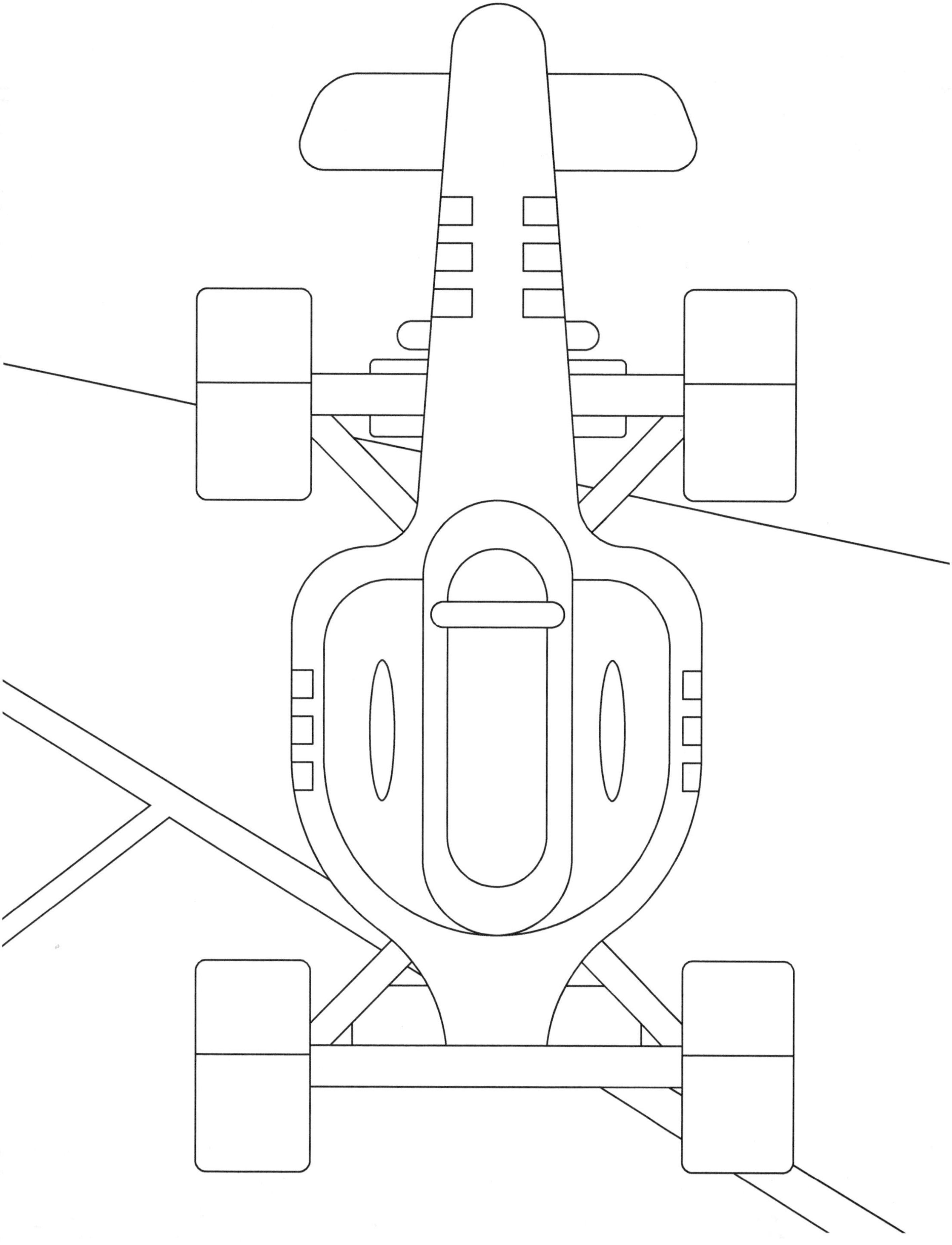

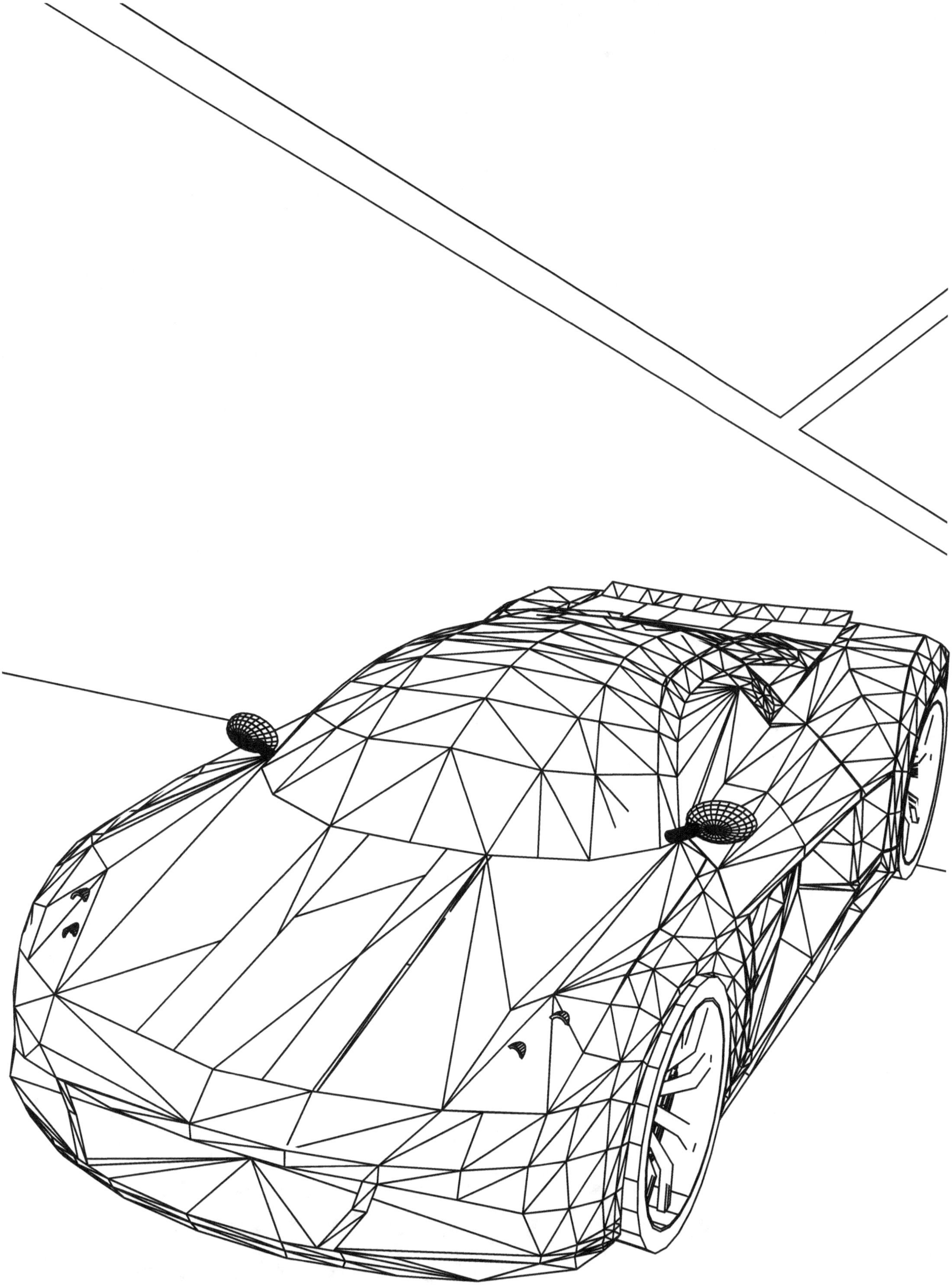

www.ingramcontent.com/pod-product-compliance
Lightning Source LLC
Chambersburg PA
CBHW081750220526
45468CB00008B/2322
* 9 7 8 1 7 2 4 5 4 7 7 1 2 *